Herausgegeben von / Edited by
Landesgalerie Niederösterreich / State Gallery of Lower Austria

LANDESGALERIE NIEDERÖSTERREICH
STATE GALLERY OF LOWER AUSTRIA

Der Museumsneubau der Marte.Marte Architekten am Tor zur Wachau
The New Museum Building by Marte.Marte Architects at the Gate to the Wachau

T0311083

Birkhäuser
Basel

LANDESGALERIE
NIEDERÖSTERREICH

STATE GALLERY OF
LOWER AUSTRIA

Das neue Haus in Krems steht für ein modernes, internationales Niederösterreich, dem ein wichtiger Anteil an der europäischen Kunstgeschichte zukommt.

JOHANNA MIKL-LEITNER

The new exhibition venue in Krems stands for a modern, international Lower Austria that has always played an important role in European art history.

Das Projekt überzeugt durch das ausgewogene Verhältnis zwischen Bebauung und Freiraum in einer städtebaulich komplexen Situation. Flankiert von zwei Museen, einer wichtigen Verkehrsrelation sowie dem Übergang zum Stadtteil Stein reagiert das Projekt durch seine Setzung und seine Konfiguration auf die inhaltlichen sowie kontextualen Rahmenbedingungen – und zwar auf eine gewandte, selbstverständliche Art und Weise.

ELKE DELUGAN-MEISSL

The project is convincing for its balanced ratio of developed areas to open spaces in a situation that is complex in terms of urban planning. Flanked by two museums, an important traffic hub, and the transition to the Stein section of town, the project responds through its location as well as its configuration to both the contentual and the contextual conditions—and accomplishes this in an eloquent, natural manner.

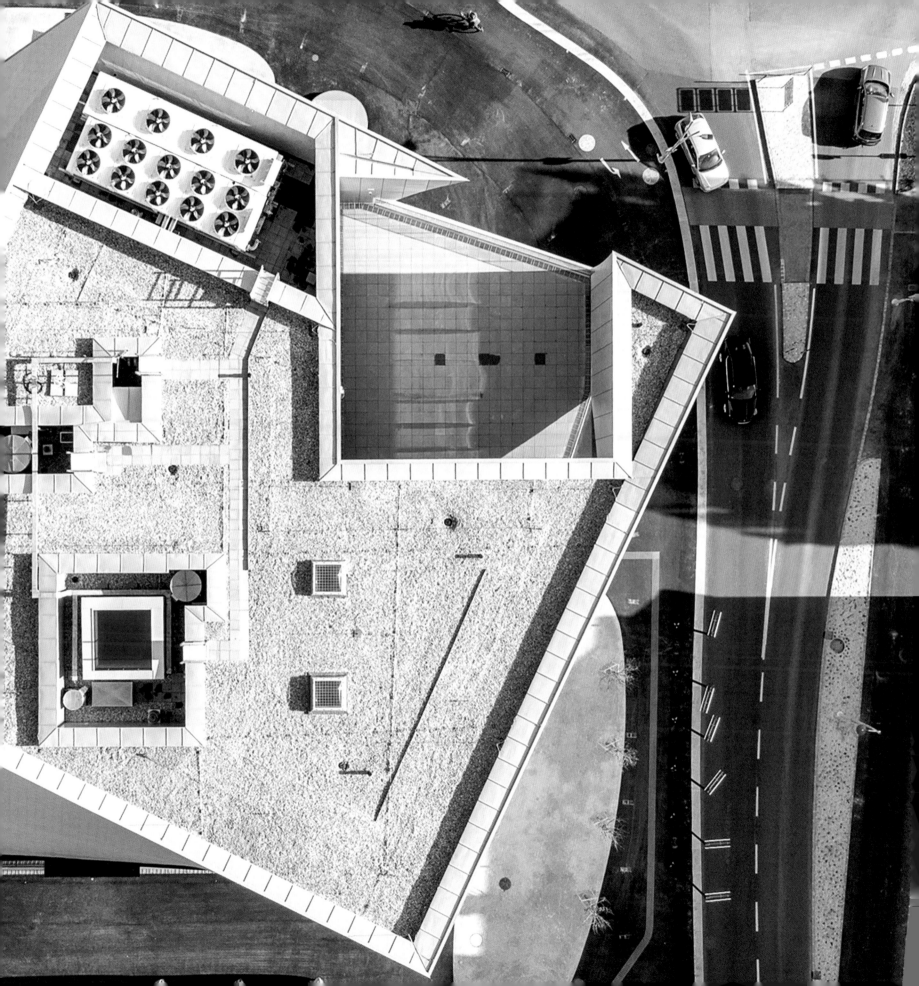

In Niederösterreich haben wir mittlerweile reichhaltige Sammlungen und museale Einrichtungen, für die wir klare Kompetenzzentren schaffen wollten.

ERWIN PRÖLL

Meanwhile, we have a large number of rich collections and museum areas in Lower Austria for which we wanted to establish distinct competence centers.

Unser Grundsatz lautet, Aufgabenstellungen immer neu zu denken, dabei vom jeweiligen Ort und seinen Besonderheiten auszugehen und sich auf das wirklich Wesentliche zu reduzieren.

BERNHARD MARTE

Our guiding principle is: Constantly re-examine your mission, based on the respective location and its characteristic features, and confine yourself to what it truly important.

Der neuen Landesgalerie ist dieser auffällige Twist, um das Donaupanorama
mit der Kunstmeile zu verbinden, sehr gelungen.

GOTTFRIED GUSENBAUER

The new State Gallery's striking twist linking the Danube panorama
with the Kunstmeile is a complete success.

Niederösterreich ist im Herzen Europas. Ein europäischer Fokus
und ein internationaler Weitblick sind essenziell.

FLORIAN STEININGER

Lower Austria lies in the heart of Europe. A European focus
and an international vision are essential.

Die Landesgalerie setzt mit der Architektur der Marte-Brüder ein markantes Zeichen, das programmatisch für eine innovative Haltung steht. Die Darstellung von internationalen Zusammenhängen bildet eine zentrale Basis für die Wahrnehmung des kulturellen Potentials des Landes Niederösterreich.

ELISABETH VOGGENEDER

With the architecture of the Marte brothers, the State Gallery has made a distinctive statement, one that stands programmatically for an innovative approach. Highlighting international connections forms a crucial basis for recognizing the cultural potential of Lower Austria.

Der architektonische Entwurf der Marte-Brüder erfüllt alle Ansprüche und Herausforderungen eines zeitgemäßen Museumsgebäudes. Die moderne und offene Bauweise vermittelt Dynamik, Modernität und Internationalität und fügt sich zugleich optimal in die bestehende Architektur der Kunstmeile Krems ein.

KAROLA KRAUS

The architectural plan by the Marte brothers meets all the demands and challenges of a state-of-the-art museum building. The contemporary, open design is dynamic, modern, and international; at the same time it is a perfect fit with the existing architecture of the Kunstmeile Krems.

Als neues architektonisches Wahrzeichen wird die Landesgalerie Niederösterreich einerseits zum äußerlich herausragenden Element und andererseits zum faktisch sowie thematisch verbindenden Element zwischen den Institutionen der Kunstmeile Krems.

HANS-PETER WIPPLINGER

As a new architectural landmark, the State Gallery of Lower Austria will on the one hand be an outstanding element in terms of its outward appearance and on the other is to serve as a link both literally and thematically between the institutions of the Kunstmeile Krems.

Dieses neue Wahrzeichen ist eine Botschaft
weit über die Grenzen des Landes hinaus.

REINHARD RESCH

This new landmark is a message that will
reach far beyond the state borders.

Unternehmerisches Denken und Handeln stehen für mich in keinem Widerspruch zu Kunst und Kultur. Angesichts begrenzterer öffentlicher Mittel ist wirtschaftliches Know-how jedenfalls essenziell. Im Vordergrund unserer Arbeit müssen aber immer die Freiheit von Kunst und Wissenschaft sowie die Offenheit gegenüber aktuellen Trends stehen.

PAUL GESSL

I believe that thinking and acting in an entrepreneurial way does not stand in contradiction to art and culture. In view of limited public funding, business know-how is simply essential. But the top priority in our work must always be the freedom of art and scholarship, as well as an openness to current trends.

Architektur und Kunst – ein Liebesverhältnis!
Herausfordernd, aufregend, im Dialog mit Licht, Schwingung, Windung und Weite.

RENATE BERTLMANN

Architecture and art—a love affair!
Challenging, exciting, in dialogue with light, vibrancy, torsion, and vastness.

IN EINEM ANDEREN LAND – meint man zu sein, wenn der schräge Quader nahe dem Strom ins Blickfeld kommt. Marte.Marte Architekten haben ein Zeichen gesetzt und damit ein wesentliches Kriterium des internationalen Wettbewerbes für dieses Projekt erfüllt. Es ist ein Haus für die Kunst, das – der Tradition verbunden – als Landesgalerie firmiert.

JOACHIM RÖSSL

LIKE BEING IN ANOTHER LAND—This is how one feels when one catches a first glimpse of the twisted cube near the river. Marte.Marte Architects have made a bold statement, thus fulfilling one of the crucial criteria of the international competition for this project. This is a home for art, a state gallery with strong ties to tradition.

HERZLICH
WILLKOMMEN

POLDIFITZKA.AT

Kunst vergangener Jahrhunderte wird mit Werken der Gegenwart in Dialog gesetzt – stets mit dem Blick von heute und mit Themen, die in der Alltagsrealität der Menschen verhaftet sind.

GÜNTHER OBERHOLLENZER

Art of past centuries is juxtaposed with contemporary works—but always from a present-day viewpoint and with themes relevant to the everyday reality of the area's inhabitants.

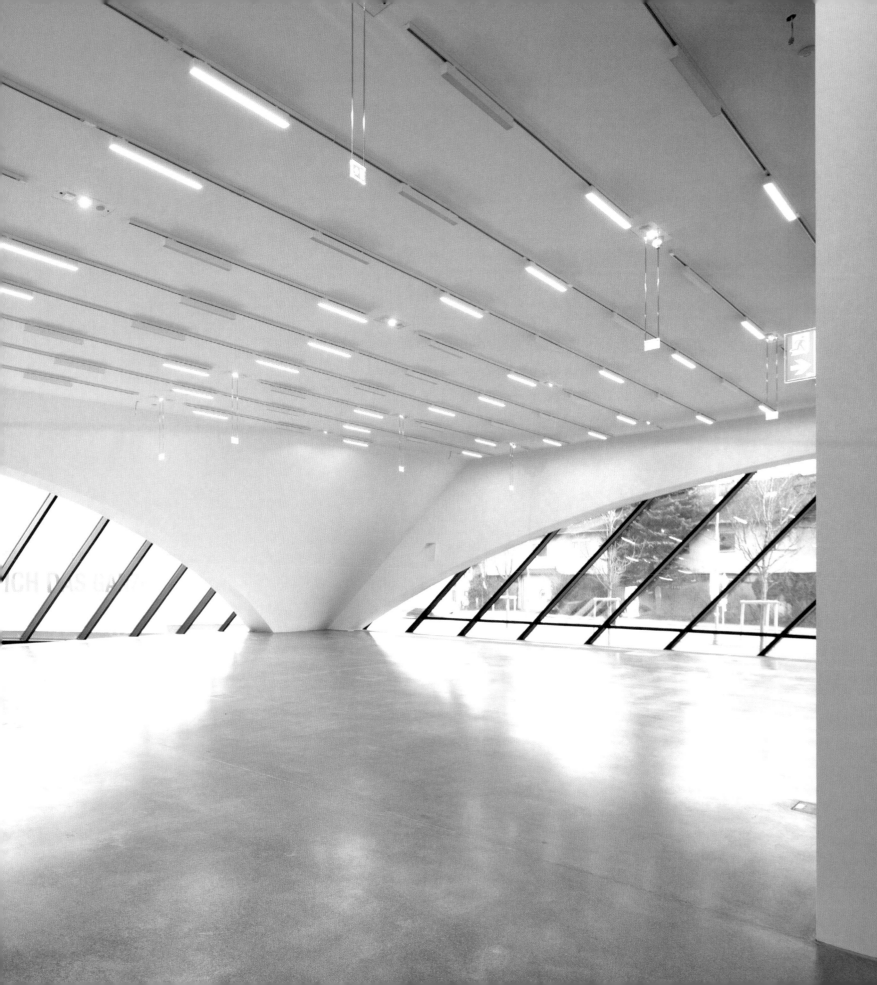

CAROLA DERTNIG

Rose rolling, rolling rose,
slapstick, stage, song, sound, sound.
Song, spoken word—to turn;
if you can't think it dance it.
Perform, perform.

WENN ICH KUNST SAGE MEINE ICH DAS GANZE

Ohne metaphysische Öffnung, ins Ganze eben, würde Kunst sich unweigerlich
in den üblichen kognitiven Modellen und im Pragmatischen verlieren. Kunst ist kein verfeinerter
Kulturindustriezweig. Sie beginnt genau dort, wo die Messbarkeit endet ...

LEO ZOGMAYER

Without a metaphysical opening, as a whole, art would inevitably lose itself
in the usual cognitive models and in the pragmatic. Art is not a refined
cultural industry. It begins precisely where measurability ends ...

In ANCHORS vergleiche ich die Form des Museums mit dem idealtypischen Kubus. Dabei stelle ich die Frage, welche kinetische Energie investiert werden muss, um mit einer elastischen Verformung – vom Würfel ausgehend – die Gebäudeform des Museums zu erreichen. Drei unterschiedliche Objekte wurden als Ankerpunkte in die Museumswände integriert.

JUDITH FEGERL

In ANCHORS, I compare the shape of the museum to the ideal-typical cube. To this end, I ask the question: What kind of kinetic energy must be invested in order to attain the structural form of the museum building through an elastic deformation—with the cube as the point of departure? Three different objects were integrated into the museum walls as anchor points.

Wir gehen nicht in Museen, um Kunst zu sehen.
Wir gehen in Museen, um uns selbst zu sehen.

WERNER REITERER

We don't go to museums to see art.
We go to museums to see ourselves.

Man muss nicht unbedingt zeitgenössische Kunst zeigen, aber man soll Kunst zeitgenössisch präsentieren. Dieser Leitsatz Werner Hofmanns gilt für unser gesamtes Handeln.

CHRISTIAN BAUER

One does not necessarily have to show contemporary art, but one should show art in a contemporary manner. We apply Werner Hofmann's maxim to everything we do.

Die Eroberung der Vertikale.

WERNER REITERER

The Conquest of the Vertical.

Das Museum erfüllt die strengsten konservatorischen Anforderungen der Welt und folgt klimatisch wie auch sicherheitstechnisch den höchsten Standards.

CHRISTIAN BAUER

The museum meets the world's strictest conservation criteria and follows the highest standards in terms of climate control and security.

Die Institution Museum verändert sich durch die Digitalisierung in allen Bereichen. Die Kernaufgabe der Museen als Orte der Selbsterkenntnis, der Reflexion und der Vermittlung zwischen Vergangenheit, Gegenwart und Zukunft bleibt aus heutiger Sicht jedoch bestehen.

STELLA ROLLIG

The museum as an institution is changing in all areas through increasing digitalization. But from a present-day perspective, the core mission of museums as places of self-awareness, reflection, and mediation between past, present, and future remains unchanged.

Für jede Gesellschaft ist es wichtig, Orte zu definieren, die für das kulturelle Erbe stehen und – wie auch im Fall der Landesgalerie Niederösterreich – zugleich einen Ausgangspunkt für neue Entwicklungen darstellen.

HERMANN DIKOWITSCH

It is important for any society to define places that stand for its cultural heritage and—as with the State Gallery of Lower Austria as well—that represent a starting point for new developments.

Wäre ich der Bauherr und dürfte ich mir ein eigenes Museum bauen, sähe es genauso aus wie das hier entstandene. Erhält man dann noch die Möglichkeit, ein derartiges Gebäude mit (eigenen) Kunstgegenständen auszustatten, so bedeutet das ein noch Mehr an Freude. Ich komme mir vor wie ein kleiner Bub, der in seinem frisch ausgemalten Kinderzimmer zum ersten Mal seine Spielsachen ausbreiten und seine Freunde zum Mitspielen einladen darf.

ERNST PLOIL

If I were the client and could design my own museum, it would look exactly like the one built here. If, on top of that, one had the chance to furnish such a structure with (one's own) artworks, that would be an even greater pleasure. I would feel like a little boy who was allowed to spread out his toys in his freshly-painted room for the first time and invite his friends to come over and play with him.

Die Gegenüberstellung von alter und neuer Kunst ist wichtig für ein besseres Verständnis. Zwar sollte jede Kunst, ob historisch oder gegenwärtig, eine gültige Aussage sein. Eine Auseinandersetzung mit historischen Bezügen und Entwicklungen wird das Verständnis mit dem Heutigen jedoch erleichtern und neugierig machen. Einerseits Stolz auf eine gewachsene Sammlung. Andererseits ein gestärktes Bewusstsein und Zufriedenheit, dass eine gute Tradition mit neuem Verständnis fortgesetzt wird.

HELMUT ZAMBO

The juxtaposition of old and new works is important for a better understanding of art. While every kind of art, whether of the past or the present, should be a valid statement, an examination of historic references and developments will facilitate the understanding of present-day art and pique the curiosity of visitors. There is both pride in a flourishing collection and a strengthened awareness and satisfaction that a good tradition will be carried on with a new understanding.

Die Wirkkraft von Landesgalerien liegt in kultureller Bildung und lokaler Erinnerungskultur. Mit Blick von heute vermitteln sie historische Veränderungen und einen dynamischen Begriff von Identität – so schaffen sie die Basis für den wichtigen interkulturellen Dialog in der globalisierten Welt.

STELLA ROLLIG

The impact of state galleries lies in cultural education and the local culture of memory. From a present-day perspective, they convey historic transformations and a dynamic concept of identity—in this way they create the basis for the intercultural dialogue that is vital in our globalized world.

Der Neubau bietet die optimale Bühne für eine publikums-
wirksame Präsentation und für Innovation: Räumlich
spiegelt sich das im Ensemble der Kunstmeile Krems,
ideell spannt das Gebäude im digitalen Zeitalter den
Bogen weit über die Grenzen Niederösterreichs hinaus.

KLAUS ALBRECHT SCHRÖDER

The new building provides the optimal stage for a
presentation with an appeal for the general public
and for innovation: this is reflected spatially in the
ensemble on the Kunstmeile Krems. In our digital
age, the ideals represented by the museum extend
far beyond the borders of Lower Austria.

Viele der besten Kunstmuseen der Welt haben eines gemeinsam: Neben abgeschlossenen Ausstellungsräumen bieten sie dem Besucher den erhöhten Blick nach draußen, zur Rückbesinnung auf die Rolle der Kunst im Gemeinwesen. Bei Schinkels Altem Museum in Berlin ist es das große Treppenhaus, im Metropolitan Museum in New York der Blick auf den Central Park, bei der Landesgalerie Niederösterreich die eingeschnittene Dachterrasse. Sie macht die Kurven des Baus erlebbar und lenkt den Blick auf den Schnittpunkt zwischen Fluss und zwei Ortskernen.

DIETRICH NEUMANN

Many of the world's best art museums have one thing in common: in addition to enclosed exhibition spaces they also offer visitors an elevated view to the outside, for reflecting on the role of art in the community. At Karl Friedrich Schinkel's Altes Museum in Berlin, it is the grand staircase; at New York's Metropolitan Museum the view of Central Park; and at the State Gallery of Lower Austria the rooftop terrace. It lets visitors experience the structure's curves first-hand and directs one's gaze to the intersection between the river and the two town centers.

Durch die Drehung und gleichzeitige Verschlankung nach oben hin entstand eine 110 Quadratmeter große Terrasse mit Blick auf die Donau und das gegenüberliegende Stift Göttweig.

BERNHARD MARTE

The building's twist and the simultaneous tapering upward resulted in a 110-square-meter terrace with a view of the Danube and Göttweig Abbey on the other side.

Kunst im öffentlichen Raum gelingt es, Räumen ein Gesicht zu geben und Öffentlichkeiten zu beleben.

KATRINA PETTER

Art in public space succeeds in giving spaces a face and in reinvigorating urban areas.

2

CONSTRUCTION

17.4.2015

Conclusion of architecture competition on April 17, 2015

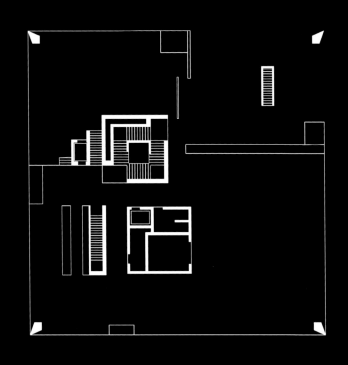

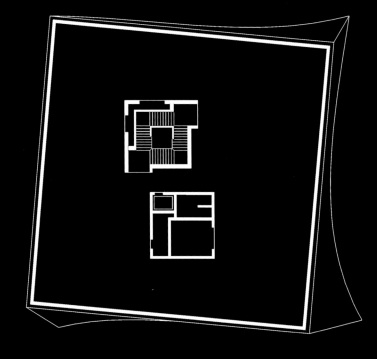

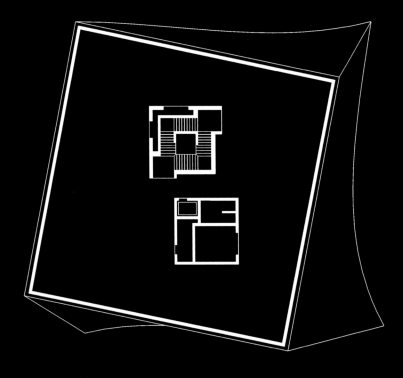

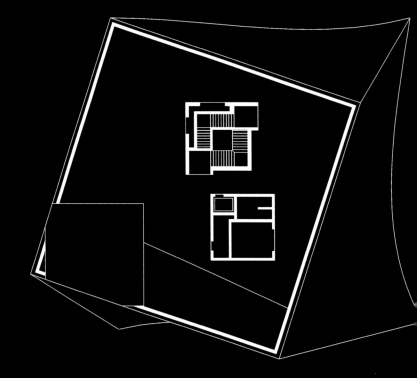

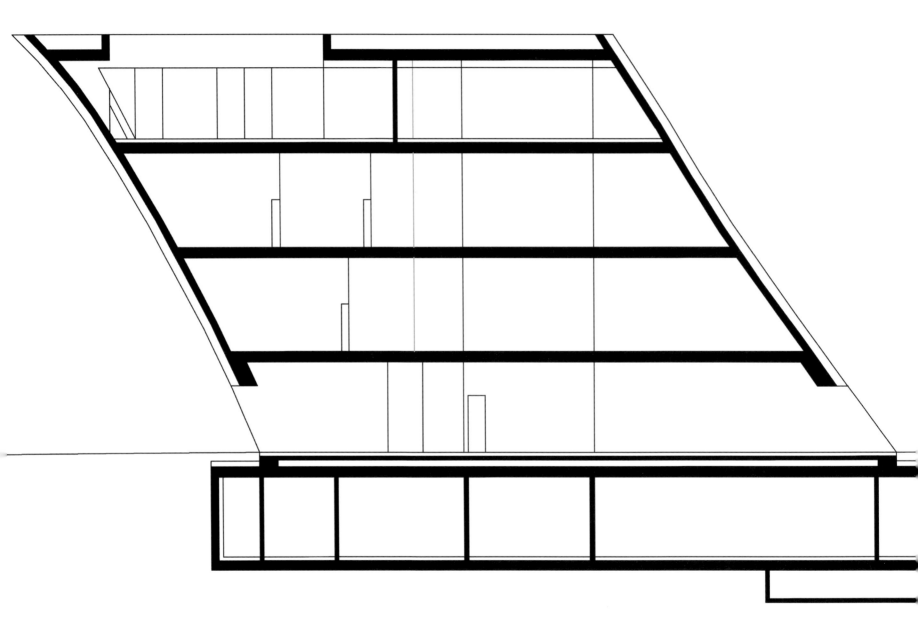

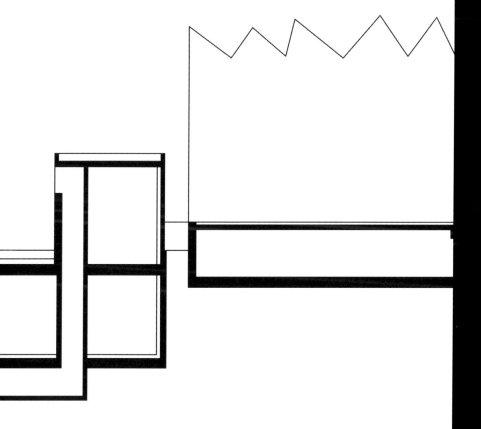

Unsere Lösung besteht aus fünf Geschossen: einem Untergeschoss, der verglasten Erdgeschosszone mit Eingang, Shop und Gastronomie sowie einem Ausstellungsraum und drei Obergeschossen.

BERNHARD MARTE

Our solution consists of five levels: an underground level; the glassed-in ground floor, including the entrance, gift shop, restaurants, and an exhibition space; and three upper levels.

Ausstellungsfläche in Quadratmetern: Die Landesgalerie Niederösterreich öffnet sich dem Besucher mit weiten, lichtdurchfluteten Bögen, die den Auftakt des Museumsbesuchs bilden. Insgesamt stehen 3.000 Quadratmeter Ausstellungsfläche zur Verfügung.

3.000

Exhibition space in square meters. The State Gallery of Lower Austria welcomes visitors with broad arches that flood the ground level with light. The building offers a total of 3,000 square meters of exhibition space.

Höhe des Kubus in Metern vom Erdgeschoss bis zum 3. Obergeschoss

24

Height of the cube in meters from the ground floor to the third upper level

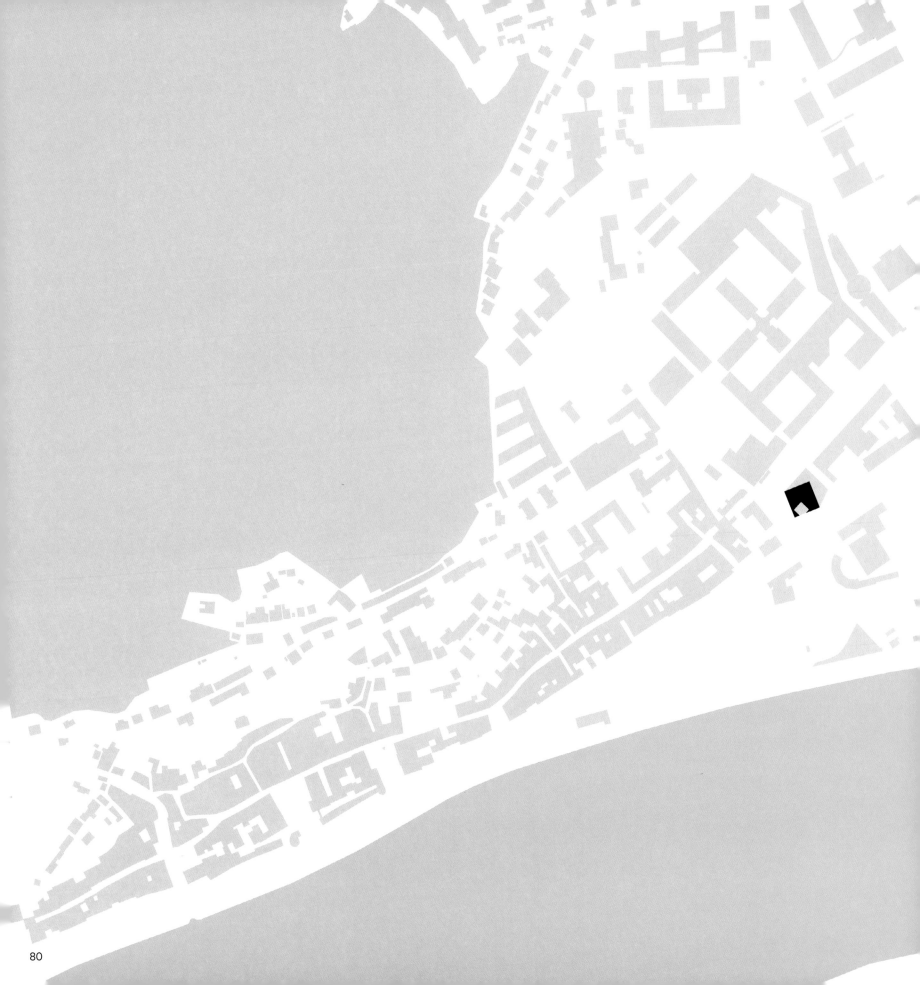

Selten hat ein Bau die Dynamik eines Standortes so überzeugend umgesetzt – er wendet sich buchstäblich um, nimmt die Bewegung des Flusses auf, den fließenden Verkehr, die Spannung zwischen Stein und Krems.

DIETRICH NEUMANN

Only rarely has a structure made use of the dynamic energy of its location in such a convincing manner— it literally rotates, assimilating the movement of the river, the flow of traffic, and the tension between Stein and Krems.

Grundstücksfläche in Quadratmetern

2.500

Plot area in square meters

Spatenstich

4. 6. 2016

Groundbreaking ceremony on June 4, 2016

Hat die Epoche der Gotik den markanten Turm der Frauenbergkirche in Stein errichtet, jene des Barock das Steinertor in Krems, so wurde nunmehr, in respektvollem Abstand von den beiden Altstadtkernen, ein Meisterwerk zeitgenössischer Architektur gebaut.

ERICH GRABNER

Just as the Gothic period gave us the distinctive tower of the Frauenbergkirche in Stein and the Baroque era the Steinertor in Krems. a masterwork of contemporary architecture has now been erected a respectful distance from the two historic town centers.

Koordinaten der Landesgalerie: Breitengrad/Längengrad

48.404445
15.587932

Coordinates of the State Gallery: latitude/longitude

Jänner 2017: Baustopp in Wochen aufgrund archäologischer Funde

Weeks of construction freeze in January 2017 due to archeological finds

Holzpfosten einer mittelalterlichen Hafenanlage werden entdeckt und geborgen

400

Wooden posts from a medieval port facility are discovered and salvaged

Die Landesgalerie erfährt durch ihre ausgewöhnliche Form ein Alleinstellungsmerkmal. Im Zentrum der Kunstmeile Krems ist eine solche Formensprache für ein Kulturgebäude auch im Weltkulturerbe Wachau absolut gerechtfertigt. Mit ihrem einerseits respektvollen und andererseits selbstbewussten Auftritt schließt die Landesgalerie die Entwicklung der letzten 25 Jahre am Areal perfekt ab.

GERHARD TRETZMÜLLER

The extraordinary form of the State Gallery provides it with a unique profile. A formal language of this kind is absolutely justified for an arts building at the center of the Kunstmeile Krems and also situated in the World Cultural Heritage Site Wachau. With its distinctive appearance, at once respectful and self-confident, the State Gallery perfectly concludes the developments of the past twenty-five years in this cultural district.

Als Eisenstäbe verwendet, entspricht die Bewehrung einer Länge von 450 Kilometern beziehungsweise der Strecke von Krems nach Zagreb oder in Gewicht 1.150.000 kg Eisen.

450

The total length in kilometers of the steel bars used as concrete reinforcement, equal to the distance from Krems to Zagreb; total weight: 1,150,000 kg

Schuppenhaus

Kunst im Fundament
Fett sitzt sie dem Bau im Becken

Ambivalenz
zwischen Permanentem und Vergänglichem
zwischen Sichtbarem und Unsichtbarem

Forderung nach langweiliger Vernunft
Den Verspielten gehört die Welt

Außen Schuppen und Glitzer
Nackt wär' es mir lieber

RAINER PROHASKA

Fish-scale house

Art in the foundation
It sits fat in the building's pelvis

Ambivalence
between the permanent and the ephemeral
between the visible and the invisible

Demand for boring rationality
The world belongs to the playful

Outside fish scales and glitter
I'd like it better naked

Die Aushubmenge in LKW-Ladungen

1.500

Truckloads of excavated material

Baubeginn Hochbau

4. 6. 2017

Above-ground construction begins on June 4, 2017

Gesamter Betonverbrauch in Quadratmetern, 1.340 Wägen auf 11,12 Kilometer Länge.
Das entspricht einem Betonverbrauch von 56 durchschnittlichen Einfamilienhäusern.

10.050

Total amount of concrete in cubic meters used; 1,340 mixing trucks with a total length
of 11.12 kilometers; equals the concrete required for 56 average single-family homes

Die Landesgalerie ist wichtig für ein kulturelles, soziales Zusammenleben von Menschen, wo auch immer sie leben, woher auch immer sie kommen!

DIETER BOGNER

The State Gallery is vital for a cultural, social coexistence of people, wherever they live and wherever they come from!

Das Gebäude verjüngt sich von 33 x 33 Metern in der Erdgeschosszone auf 30 x 30 Meter im Obergeschoss.

33 x 33

The structure tapers from 33 x 33 meters at ground level to 30 x 30 meters at the top floor

Als kulturpolitische Zielsetzung gilt die Einrichtung hochkarätiger Ausstellungsbetriebe. Mit der Eröffnung der Landesgalerie Niederösterreich auf der Kunstmeile bekommt die rund 100.000 Werke umfassende Kunstsammlung der Landessammlungen Niederösterreich einen neuen Ausstellungsort.

ARMIN LAUSSEGGER

The cultural political object is establishing first-rate exhibition institutions. With the opening of the State Gallery of Lower Austria on the Kunstmeile, the art holdings of the State Collections of Lower Austria, comprising some 100,000 works, will be given a new exhibition venue.

Beton in Kubikmetern für die Wände (entspricht 530 Mischwägen in einer Länge von 4,40 Kilometern, würde man sie aneinanderreihen)

4.000

Cubic meters of concrete for walls (equivalent to 530 mixing trucks stretching 4.40 kilometers if placed end to end)

Arbeitsstunden bis zur Gesamtfertigstellung

200.000

Total hours of labor required to complete the project

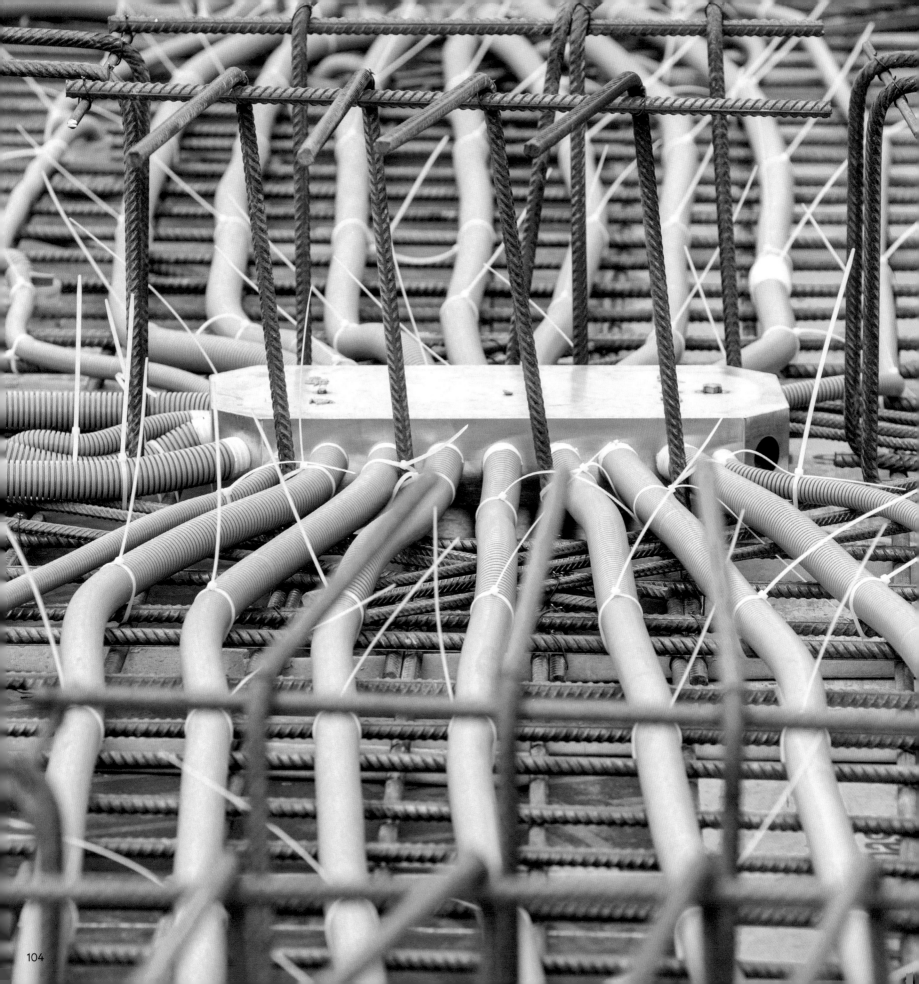

Verlegte Kabel in Kilometern

240

Kilometers of routed wiring

Bewehrung in Kilometern. Auch als Armierung bezeichnet, bedeutet es die Verstärkung eines Objekts durch ein anderes. Im Bau spricht man bei Einsatz von Stahl von Stahlbeton.

450

Total length of reinforcing bars in kilometers. Reinforcement means the strengthening of one object by another. In construction, reinforced concrete is concrete strengthened with steel bars.

Eine konstruktive Herausforderung war die gekrümmte Fläche. Die Kraftableitung erfolgt über die Außenwände: Sie wird zuerst gesammelt, gebündelt und dann über vier Eckpunkte – massive, baumhohe Stützen mit 2,5 Meter Durchmesser – im Untergeschoss abgeleitet.

ALEXANDRA GRUPS

The curved surface was a challenge in the construction of the building. The weight load is borne by the exterior walls; it is collected, concentrated, and transferred to the four corner points—massive, tree-high columns in the basement with a diameter of 2.5 meters.

Unser Haus braucht die Einbindung und Identifikation der Menschen, die im Umfeld des Museums wohnen. Nur so können wir erfolgreich sein.

CHRISTIAN BAUER

Our museum needs the inclusion and the identification of the people who live in the area. This is the only way we can be successful.

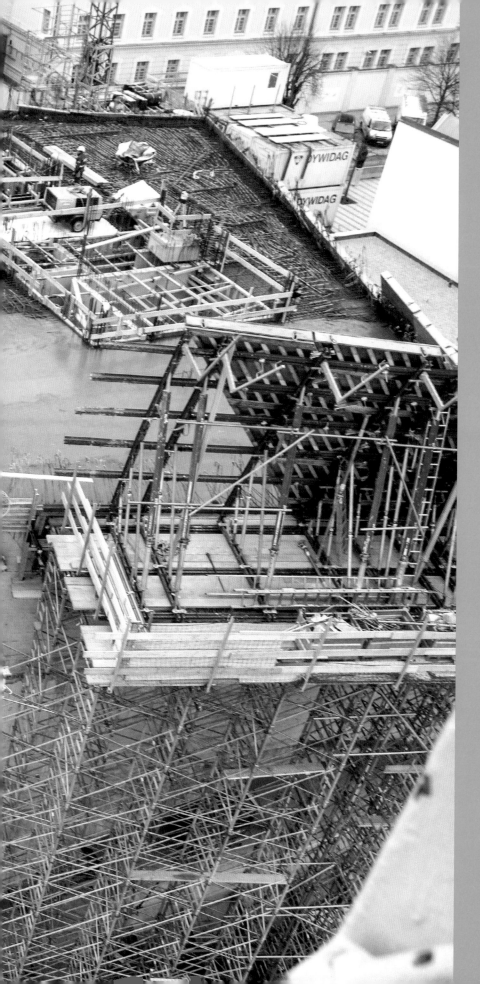

Architektur als Körper
Kunst als Kreislauf
Licht als Seele

ERWIN REDL

Architecture as a body
Art as a cycle
Light as a soul

Arbeitsstunden am Rohbau

48.000

Hours of labor on the building shell

Gleichenfeier

14. 3. 2018

Topping-out ceremony on March 14, 2018

Das Ausstellungsprogramm denkt den Standort des Museums, Krems und Niederösterreich, stets mit und möchte mit lebens-nahen, auch mit der Region verbundenen Themen bei Besucherinnen und Besuchern die Begeisterung für die Kunst wecken.

GÜNTHER OBERHOLLENZER

The exhibition program consistently takes into consideration the museum's location—Krems and Lower Austria—and endeavors to spark the visitors' passion for art with themes that are related to their lives and have a regional connection.

Die Architekturen von Marte.Marte sind ein formales, künstlerisches und konzeptionelles Zusammenwirken von Kraft, Klarheit und Kompromisslosigkeit bis hin zu wagemutigen Raumexperimenten. Sie sind aber immer auch voller sinnlicher und haptischer Erfahrbarkeit: Das gilt für die frühen, eher kleinformatigen Bauten der Marte-Brüder ebenso wie für das im Bau befindliche Ausstellungs- und Dokumentationszentrum der Stiftung Flucht, Vertreibung, Versöhnung in Berlin und die Landesgalerie Niederösterreich in Krems, die im Mai 2019 eröffnet wurde. All diese Gebäude machen uns staunen und hinterlassen im wörtlichsten Sinne einen Eindruck in unserem Gedächtnis. Ich glaube, das Geheimnis des „Prinzips Marte.Marte" liegt darin, dass alles – physisch wie konzeptionell und geistig – ineinander greift und ohne einander nicht denkbar ist. Dieses Prinzip schließt wie selbstverständlich auch den landschaftlichen und städtischen Kontext mit ein.

KRISTIN FEIREISS

The architectural works of Marte.Marte represent a formal, artistic, and conceptual synergy between energy, clarity, and an uncompromising attitude—extending even to daring experiments with space. But they are also always full of sensory and haptic experiences: this applies to the brothers' early, smaller-scale buildings as well as to Berlin's Stiftung Flucht, Vertreibung, Versöhnung exhibition and documentation center, currently under construction, and the new State Gallery of Lower Austria in Krems, which was opened in May 2019. All of these buildings astound us and leave a lasting impression on our memory. I think that the secret of the "Marte.Marte principle" is that all the elements—physical as well as conceptional and intellectual—mesh together perfectly, and each is unimaginable without the others. It almost goes without saying that this principle also includes the urban and landscape-related context.

Maß einer einzelnen Zink-Titan-Schindel in Zentimetern

54 x 54

Dimensions of a single titanium zinc shingle in centimeters

Ein Ort ist entstanden, an dem Künstlerinnen und Künstler mit ihrem Blick auf die Welt ungeahnte Sichtweisen eröffnen, an dem gesellschaftlich relevante Fragestellungen im Dialog mit der Kunst permanent neu verhandelt werden. Dieser Schauplatz wird sich selbst durch visionäres, grenz-überschreitendes Denken und Handeln seiner Akteurinnen und Akteure ständig wandeln.

HANS-PETER WIPPLINGER

This is a place where artists open up unimagined vistas with their view of the world, where socially relevant questions are constantly renegotiated in a dialogue with art, and which will continuously transform itself through the visionary, interdisciplinary thoughts and actions of its actors.

Mehr als 60 am Bau beteiligte Firmen, Institutionen, Behörden

60

Over 60 firms, institutions, and public agencies were involved in the project

Anzahl der Zink-Titan-Schindeln

7.200

Number of titanium zinc shingles

Gesamtzahl der Stiegeneinheiten, vom Keller auf die Dachterrasse

176

Total number of flights of stairs from the basement to the rooftop terrace

Die Landesgalerie Niederösterreich ist ein weithin sichtbares Zeichen der Gegenwart am Tor zum Weltkulturerbe Wachau. Gemeinsam mit der Kunsthalle Krems und dem Karikaturmuseum Krems bildet das neue Ausstellungshaus das Zentrum der Kunstmeile, die sich vom Minoritenplatz in Stein über den Museumsplatz in Krems/Stein bis zum Dominikanerplatz in Krems erstreckt.

JULIA FLUNGER-SCHULZ

The State Gallery of Lower Austria is a clearly visible and distinctly modern symbol at the gateway to the World Cultural Heritage Site Wachau. Along with the Kunsthalle Krems and the Karikaturmuseum Krems, the new Gallery forms the nucleus of the Kunstmeile, which stretches from the Minoritenplatz in Stein to the Museumsplatz in Krems/Stein and on to the Dominikanerplatz in Krems.

Länge der Donau in Kilometern

2.857

Length of the Danube River in kilometers

Das Paillettenkleid wirkt festlich und fragil, umhüllt anmutig die elegant verdrehte Baufigur, verstärkt den bildhauerischen Eindruck der skulpturalen Großform, zieht die Blicke auf sich und reflektiert zugleich respektvoll die Umgebung.

BERNHARD MARTE

The "sequined dress" has a festive and fragile look; it gracefully shrouds the elegantly twisted structure, enhances the sculptural impression of the overall form, catches one's eye, and at the same time respectfully reflects the surrounding area.

Anzahl der sphärischen Scheiben

91

Number of spherical glass panes

Partielle Entwindung grundlegender physikalischer Gegebenheit ist anregend gemeint für ein aufmerksames Dasein – auch hier bei uns im regelfreudigen Hügelland.

HEINZ CIBULKA

The partial liberation from a fundamental physical reality is stimulating for an attentive, mindful life— even here in Austria's rule-loving hill country.

Meine Wanderungen verstehe ich als Suche nach dem menschlichen Verhältnis zur Natur. Es ist ein gebrechliches, gefährliches Verhältnis: Man muss die Schritte sorgsam setzen. Zeit und Wegstrecke und die physische und mentale Erfahrung sind einfache Größenordnungen, von denen ich letztendlich berichte.

MICHAEL HÖPFNER

I regard my hikes as a search for the human relationship with nature. It is a fragile, dangerous relationship: one must step carefully. Time and route, as well as the physical and mental experience, are the simple dimensions that I ultimately report on.

ZAHLEN & FAKTEN

3

FACTS & FIGURES

ZAHLEN & FAKTEN | FACTS & FIGURES

Am Bau beteiligte Firmen, Institutionen, Behörden

60

Firms, institutions, and public agencies involved in the project

Arbeitsstunden am Rohbau

48.000

Hours of labor on the building shell

Arbeitsstunden bis zur Gesamtfertigstellung

200.000

Total hours of labor required to complete the project

ZEITLEISTE | TIMELINE

Abschluss
Architekturwettbewerb

Conclusion of
architecture competition

Spatenstich

Groundbreaking
ceremony

Archäologische
Bodenfunde auf
der Baustelle:
8 Wochen Gra-
bungskampagne

Archeological
finds on the
construction site
necessitate an
eight-week build-
ing freeze

APRIL
17.
2015

JUNI
4.
2016

JÄNNER
1.
2017

Entfernung nach St. Pölten, Luftlinie

22 km

Linear distance to St. Pölten

Entfernung nach Wien, Luftlinie

60 km

Linear distance to Vienna

Distanz zum Mond

384.400 km

Distance to the moon

Wiederaufnahme der Bauarbeiten nach dem Baustopp

Construction is resumed after the building freeze

MÄRZ
6.
2017

Baubeginn Hochbau

Above-ground construction begins

JUNI
4.
2017

Gleichenfeier

Topping-out ceremony

MÄRZ
14.
2018

Beginn der Montage der Zink-Titan-Schindeln

Mounting of the titanium zinc shingles begins

APRIL
9.
2018

Eröffnung ARCHITEKTUR PUR

Opening of ARCHITEKTUR PUR

MÄRZ
1.
2019

Grand Opening

MAI
25.
2019

Ausstellungsfläche

3.000 m²

Exhibition space

2.500 m²

Grundstücksfläche

Plot area

176

Stiegeneinheiten gibt es insgesamt,
vom Keller auf die Dachterrasse

Total number of flights of stairs from the
basement to the rooftop terrace

91

Anzahl der sphärischen Scheiben

Number of spherical glass panes

7.200

Anzahl der Zink-Titan-Schindeln

Number of titanium zinc shingles

240 km

Verlegte Kabel

Total length of routed wiring

Gesamter Betonverbrauch

10.050 m³

Total amount of concrete used

Benötigte Zahl der Beton-Mischwägen

1.340

Equal to 1,340 mixing trucks

Entspricht dem Betonverbrauch für 56 Einfamilienhäuser

56

Equals the concrete required for 56 average single-family homes

Bodenplatte / Fundierung

2.550 m³

Foundation slab

Benötigte Zahl der Beton-Mischwägen

340

Equal to 340 mixing trucks

Ergibt aneinandergereiht eine Länge von

2,82 km

Stretching 2.82 kilometers if placed end to end

Wände

4.000 m³

Walls

Benötigte Zahl der Beton-Mischwägen

530

Equal to 530 mixing trucks

Ergibt aneinandergereiht eine Länge von

4,40 km

Stretching 4.40 kilometers if placed end to end

Decken

3.500 m³

Ceilings

Benötigte Zahl der Beton-Mischwägen

470

Equal to 470 mixing trucks

Ergibt aneinandergereiht eine Länge von

3,90 km

Stretching 3.9 kilometers if placed end to end

LANDESSAMMLUNGEN NIEDERÖSTERREICH STATE COLLECTIONS OF LOWER AUSTRIA

Generelles Bemühen ist es, anhand von repräsentativen Werken sowohl die Entwicklung des jeweiligen Œuvres als auch zeittypische Kunstphänomene nachvollziehbar zu machen. Besonderes Augenmerk gilt der Vertiefung thematischer, stilistischer oder medienspezifischer Sammlungsschwerpunkte.

ALEXANDRA SCHANTL

In general, we are committed to using representative works to illustrate in a comprehensible manner the development of each oeuvre as well as the artistic phenomena typical of the particular period. Special attention is given to an in-depth exploration of the thematic, stylistic, and media-related focal points of the collection.

Obwohl die Kunstsammlung des Landes erst seit circa 70 Jahren gezielt aufgebaut wird, zählt sie zu den inhaltlich reichsten Landessammlungen Österreichs. Generationen von Kunstwissenschaftlern haben sich ihrer Komplettierung gewidmet. Stets wurden Gelegenheiten ergriffen, um Lücken zu schließen. Auch subjektive Sammelvorlieben bildeten in der Sammlung Schwerpunkte aus, die ihr heutiges Profil ganz wesentlich prägen.

WOLFGANG KRUG

Although it is only in the past seventy years that Lower Austria has begun systematically building up a state art collection, its holdings count among Austria's richest regional collections in terms of content. Generations of art historians have dedicated themselves to its completion, always seizing opportunities to fill gaps. Subjective predilections have also resulted in focal points in the collection that have significantly shaped its present profile.

Von der Niederösterreichischen Landesregierung bereitgestellte namhafte budgetäre Mittel ermöglichen den systematischen Aufbau einer das Kunstschaffen in Niederösterreich abbildenden Sammlung.

Das nach dem Krieg wiedereröffnete Landesmuseum in der Herrengasse 9 in Wien zeigt in wenigen Räumen erstmals einen Überblick über die Entwicklung der Kunst in Niederösterreich von der Romanik bis zur Gegenwart.

Zunehmende Platznot im Landesmuseum führt zur Gründung von Außenstellen in Niederösterreich. Für Teile der Kunstsammlung werden eigene Museen eingerichtet, so 1953 eine Friedrich-Gauermann-Gedenkstätte in Miesenbach, 1964 das Barockmuseum in Heiligenkreuz-Gutenbrunn, 1965 das Wachaumuseum in Weißenkirchen und 1972 das Anton-Hanak-Museum in Langenzersdorf.

Die Kunstsammlung umfasst bereits 5.000 Inventarnummern. Es wird die Idee verfolgt, sie aus dem Landesmuseum „auszulagern" und eine eigene Außenstelle „Kunst" zu begründen. Als mögliche Standorte werden das Schloss Liechtenstein in Maria Enzersdorf, das Geymüllerschlössel in Pötzleinsdorf und das Schloss Fridau bei St. Pölten ins Auge gefasst. Letzteres wird zu diesem Zweck 1974 erworben, die Bemühungen zur Realisierung enden in den 1980er-Jahren erfolglos.

Die Blau-Gelbe Galerie in der Herrengasse wird gegründet. Es kommt zu einem klaren Bekenntnis zur zeitgenössischen Kunst, mit dem eine verstärkte Sammeltätigkeit einhergeht.

St. Pölten wird zur Landeshauptstadt von Niederösterreich erhoben.

Das Raum- und Funktionsprogramm für ein in der Landeshauptstadt angesiedeltes Landesmuseum wird erarbeitet. Das Vorhaben der Kulturabteilung, die Niederösterreichische Landesgalerie in Krems-Stein einzurichten, scheitert. Die Sammlungsbereiche Natur und Kunst sollen Seite an Seite den Schwerpunkt des zukünftigen Landesmuseums bilden.

Der Landtag beschließt die Errichtung eines Kulturbezirkes in St. Pölten. Chefplaner Architekt Hans Hollein erhält den Zuschlag zur Planung einer Ausstellungshalle und des neuen Landesmuseums.

Schließung des alten Landesmuseums in Wien.

1947 Significant budgetary funds provided by the Lower Austrian Provincial Government make it possible to systematically assemble a collection documenting the creation of art in Lower Austria.

1951 The State Museum at Herrengasse 9 in Vienna, which reopened after the war, presents in a few rooms and for the first time an overview of the development of art in Lower Austria from the Romanesque period to the present.

1953 Increasing space constraints at the State Museum lead to the establishment of branch museums in Lower Austria for parts of the collection. These include the Friedrich Gauermann Memorial in Miesenbach in 1953, the Baroque Museum in Heiligenkreuz-Gutenbrunn in 1964, the Wachau Museum in Weißenkirchen in 1965, and the Anton Hanak Museum in Langenzersdorf in 1972.

1961 The art collection now comprises 5,000 inventory numbers. The Lower Austrian government pursues the idea of transferring the collection from the State Museum to a branch museum dedicated solely to art. Locations under consideration are Liechtenstein Castle in Maria Enzersdorf, Geymüllerschlössel in Pötzleinsdorf, and Fridau Castle, near St. Pölten. Fridau is acquired in 1974 for this purpose, but efforts to realize this plan end in the 1980s without success.

1985 The Blau-Gelbe Galerie (Blue-Yellow Gallery) is established on Herrengasse. The declared focus is on contemporary art, accompanied by a greater emphasis on collecting.

1986 St. Pölten is named provincial capital of Lower Austria.

1989 A concept regarding space and function is developed for a State Museum located in the provincial capital. Efforts by the province's Culture Division to install the State Gallery of Lower Austria in Krems-Stein fail. The curatorial areas of nature and art are to stand side by side as the thematic focus of the future State Museum.

1992 The Provincial Parliament decides to establish a cultural district in St. Pölten. The chief planner, architect Hans Hollein, is commissioned to design an exhibition hall and the new State Museum.

1996 The old State Museum in Vienna is closed.

Die große Ausstellungshalle (Shedhalle) wird im Zuge der Landesausstellung OSTARRICHI – ÖSTERREICH 996–1996 in St. Pölten eröffnet und die Errichtung eines neuen Landesmuseums beschlossen.

Eine Evaluierung kommt zum Ergebnis, dass der Erhalt der Außenstellen zu überdenken ist. Das Barockmuseum und das Wachaumuseum werden aufgelöst.

Das Niederösterreichische Landesmuseum eröffnet mit den Schwerpunkten „Natur" und „Kunst". Neben der Dauerpräsentation finden hier auch zahlreiche Wechselausstellungen und Personalen zeitgenössischer Künstler und Künstlerinnen (z. B. im Rahmen von ZEIT KUNST NIEDERÖSTERREICH) statt.

In St. Pölten wird das große Kulturdepot des Landes eröffnet. Hier werden sämtliche Bestände der Kunstsammlung aus anderen Depots zusammengeführt, verwaltet, wissenschaftlich bearbeitet und konservatorisch betreut. Die Zuständigkeit liegt im Rahmen der Kulturabteilung des Landes bei den Landessammlungen Niederösterreich.

Der Landtag beschließt mit der „Sammlungsstrategie der Landessammlungen Niederösterreich", das Landesmuseum umzustrukturieren: Im neuen Museum Niederösterreich wird neben dem „Haus der Natur" das „Haus der Geschichte" eingerichtet, für die Präsentation der Kunstsammlung in Krems-Stein eine neue Landesgalerie errichtet. Damit soll die Kunstmeile Krems zum Kompetenzzentrum für Kunst ausgebaut werden.

Zum Zeitpunkt der Eröffnung der Landesgalerie Niederösterreich umfasst die Kunstsammlung des Landes bereits rund 100.000 Einzelobjekte.

1997 The large exhibition hall (Shedhalle) is opened in St. Pölten on the occasion of the OSTARRICHI – ÖSTERREICH 996–1996 exhibition; the provincial government approves the construction of a new State Museum.

2000 An evaluation concludes that the retention of the branch museums should be reviewed. The Baroque Museum and the Wachau Museum are closed.

2002 The Lower Austrian State Museum opens with the dual emphases of "Nature" and "Art." In addition to the permanent presentation, the museum also features numerous rotating exhibitions and solo shows devoted to contemporary artists (and as part of such initiatives as ZEIT KUNST NIEDERÖSTERREICH).

2009 The province's major arts depot is opened in St. Pölten. All of the art collection's holdings from other depots are consolidated here, where they are managed, subjected to scholarly study, and cared for with regard to their conservation. Responsible for the depot is the State Collections of Lower Austria, under the province's Culture Division.

2014 With its "Collection Strategy for the State Collections of Lower Austria," the Provincial Parliament resolves to restructure the State Museum: the new Museum Niederösterreich is to house the "Haus der Natur" as well as the "Haus der Geschichte." A new State Gallery is to be constructed in Krems-Stein for the presentation of the art collection, with the objective of establishing the Kunstmeile Krems as the competence center for art.

2019 At the time of the opening of the State Gallery of Lower Austria, the province's art collection comprises some 100,000 individual objects.

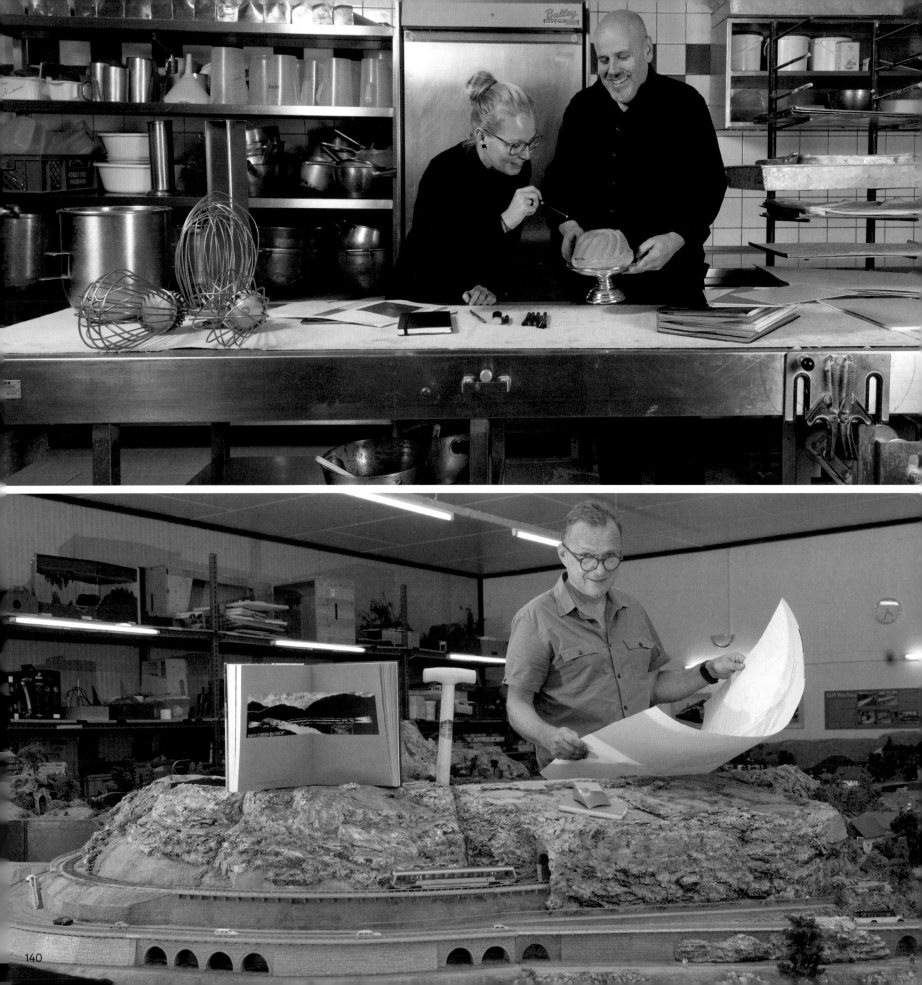

STATEMENTS VON | STATEMENTS BY

Künstlerischer Direktor Landesgalerie Niederösterreich, www.lgnoe.at	**Christian Bauer**	Artistic Director, State Gallery of Lower Austria, www.lgnoe.at
Künstlerin, www.bertlmann.com	**Renate Bertlmann**	Artist, www.bertlmann.com
Sammler, Museumsplaner, www.bogner-knoll.at, www.independent-collectors.com	**Dieter Bogner**	Collector, museum planner, www.bogner-knoll.at, www.independent-collectors.com
Künstler, www.h-cibulka.com	**Heinz Cibulka**	Artist, www.h-cibulka.com
Architektin, Juryvorsitzende des Wettbewerbes zur Landesgalerie Niederösterreich, Partnerin bei Delugan Meissl Associated Architects, www.dmaa.at	**Elke Delugan-Meissl**	Architect, jury chairwoman for the State Gallery of Lower Austria architecture competition, Partner at Delugan Meissl Associated Architects, www.dmaa.at
Künstlerin, www.caroladertnig.at	**Carola Dertnig**	Artist, www.caroladertnig.at
Leiter der Abteilung Kunst & Kultur, Amt der NÖ Landesregierung, www.noe.gv.at	**Hermann Dikowitsch**	Director of the Department of Arts and Culture, Office of the Provincial Government of Lower Austria, www.noe.gv.at
Künstlerin, www.judithfegerl.net	**Judith Fegerl**	Artist, www.judithfegerl.net
Direktorin Aedes Architekturforum, Berlin, www.aedes-arc.de	**Kristin Feireiss**	Director, Aedes Architekturforum, Berlin, www.aedes-arc.de
Geschäftsführerin der Kunstmeile Krems www.kunstmeile.at	**Julia Flunger-Schulz**	CEO, Kunstmeile Krems www.kunstmeile.at
Geschäftsführer, NÖ Kulturwirtschaft, www.noeku.at	**Paul Gessl**	CEO at NÖ Kulturwirtschaft, www.noeku.at
Bürgermeister Krems 1990–1996	**Erich Grabner**	Mayor of Krems 1990–1996
Architektin, Projektleiterin und Partnerin bei Marte.Marte Architekten, www.marte-marte.com	**Alexandra Grups**	Architect, project director and Partner at Marte.Marte Architects, www.marte-marte.com
Künstlerischer Direktor Karikaturmuseum Krems, www.karikaturmuseum.at	**Gottfried Gusenbauer**	Artistic Director, Karikaturmuseum Krems, www.karikaturmuseum.at
Künstler, www.michaelhoepfner.net	**Michael Höpfner**	Artist, www.michaelhoepfner.net
Generaldirektorin mumok, Museum moderner Kunst Stiftung Ludwig Wien, www.mumok.at	**Karola Kraus**	General Director, mumok, Museum moderner Kunst Stiftung Ludwig Wien, www.mumok.at

Leiter Sammlungsgebiet Kunst vor 1960 und Karikatur, Landessammlungen Niederösterreich, www.landessammlungen-noe.at	**Wolfgang Krug**	Director of Department of Art Before 1960 and Caricature, State Collections of Lower Austria www.landessammlungen-noe.at
Fachbereichsleiter Landessammlungen Niederösterreich, www.landessammlungen-noe.at	**Armin Laussegger**	Head of Special Division, State Collections of Lower Austria, www.landessammlungen-noe.at
Architekt, Partner bei Marte.Marte Architekten, www.marte-marte.com	**Bernhard Marte**	Architect, Partner at Marte.Marte Architects, www.marte-marte.com
Landeshauptfrau von Niederösterreich, www.noe.gv.at	**Johanna Mikl-Leitner**	Governor of Lower Austria, www.noe.gv.at
Professor für Kunst- und Architekturgeschichte sowie Italienisch, Direktor für Urban Studies, Brown University, Providence, Rhode Island, www.brown.edu	**Dietrich Neumann**	Professor of History of Art and Architecture, Director of Urban Studies, Professor of Italian Studies at Brown University, Providence, Rhode Island, www.brown.edu
Kurator Landesgalerie Niederösterreich, www.lgnoe.at	**Günther Oberhollenzer**	Curator at the State Gallery of Lower Austria, www.lgnoe.at
Leiterin des Fachbereichs Kunst im öffentlichen Raum, Abteilung Kunst & Kultur, Amt der NÖ Landesregierung, www.publicart.at	**Katrina Petter**	Director of Art in Public Space, Department of Arts and Culture, Office of the Provincial Government of Lower Austria, www.publicart.at
Sammler und Rechtsanwalt, www.pblegal.at	**Ernst Ploil**	Collector and attorney, www.pblegal.at
Künstler, www.rainer-prohaska.net	**Rainer Prohaska**	Artist, www.rainer-prohaska.net
Landeshauptmann von Niederösterreich 1992–2017	**Erwin Pröll**	Governor of Lower Austria 1992–2017
Künstler, www.paramedia.net	**Erwin Redl**	Artist, www.paramedia.net
Künstler	**Werner Reiterer**	Artist
Bürgermeister Krems, www.krems.gv.at	**Reinhard Resch**	Mayor of Krems, www.krems.gv.at
Wissenschaftliche Geschäftsführerin und Generaldirektorin Belvedere Museum Wien, www.belvedere.at	**Stella Rollig**	Artistic Director and CEO, Belvedere Museum Vienna, www.belvedere.at
Leiter der Gruppe Kultur, Wissenschaft und Unterricht (2011–2015), Amt der NÖ Landesregierung	**Joachim Rössl**	Director of the Office of Culture, Science and Education (2011–2015), Office of the Provincial Government of Lower Austria
Leiterin Sammlungsgebiet Kunst nach 1960, Landessammlungen Niederösterreich, www.landessammlungen-noe.at	**Alexandra Schantl**	Director of Department of Art After 1960, State Collections of Lower Austria, www.landessammlungen-noe.at
Generaldirektor Albertina, www.albertina.at	**Klaus Albrecht Schröder**	Director General, Albertina, www.albertina.at

Künstlerischer Direktor Kunsthalle Krems, www.kunsthalle.at	**Florian Steininger**	Artistic Director, Kunsthalle Krems, www.kunsthalle.at
Leiter Gebäudeverwaltung NÖ Landesregierung, www.noe.gv.at	**Gerhard Tretzmüller**	Director, Building Management Government of Lower Austria, www.noe.gv.at
Künstlerische Direktorin Forum Frohner, www.forum-frohner.at	**Elisabeth Voggeneder**	Artistic Director, Forum Frohner, www.forum-frohner.at
Museologischer Direktor Leopold Museum, www.leopoldmuseum.org	**Hans-Peter Wipplinger**	Artistic Director, Leopold Museum, www.leopoldmuseum.org
Sammler, geschäftsführender Gesellschafter Hamm-Kliniken GmbH & Co KG, www.hamm-kliniken.de	**Helmut Zambo**	Collector, Managing Partner at Hamm-Kliniken gmbh & co. kg, www.hamm-kliniken.de
Künstler, www.leozogmayer.com	**Leo Zogmayer**	Artist, www.leozogmayer.com

Die Landesgalerie Niederösterreich dankt den Projektpartnern / The State Gallery of Lower Austria wishes to thank the project partners:

2P Baumesstechnik GmbH
3P Geotechnik ZT GmbH
Allerstorfer Werbeservice GmbH
ARDIG - Archäologischer Dienst GesmbH
ARGE Porr Bau GmbH Infrastruktur / Abt. Grundbau + TEERAG-ASDAG AG NL NÖ
ATC Ziviltechniker GmbH
Bacon Gebäudetechnik GmbH & Co KG
Baierl & Demmelhuber Innenausbau GmbH
Bauschutz GmbH & Co KG
Baysics - Consulting & Management GmbH
Bekehrti GmbH
Bogner CC die Museumsplaner
Bundesdenkmalamt, Abteilung für Archäologie
Christian Jachan GmbH & CoKG - Ingenieurbüro für Bauphysik
Demmelhuber Holz & Raum GmbH
Derenko GmbH
Dipl. Ing. Bernhard Weithas GmbH
DYWIDAG
Dyckerhoff & Widmann Gesellschaft m.b.H.
eko lifestyle GmbH
EMS Elektromechanische Sicherheitssysteme Linz GmbH
ERCO Lighting GmbH
EVN AG
EVN Wärme GmbH
Fami Handels GmbH

FCP Fritsch, Chiari & Partner ZT GmbH
Festema Baudienstleistungs GmbH
Flügel & Klement GmbH
FM Plus Facility Management GmbH
für Wissenschaft + Kultur in NÖ
Forster Metallbau Gesellschaft m.b.H.
Forster Verkehrs- und Werbetechnik GmbH
Forum Frohner
Freiwillige Feuerwehr Krems/Donau
FSE Ruhrhofer & Schweitzer GmbH
Funktechnik Böck
G4S Secure Solutions AG
Gastro-Plan
GAV-Krems
Gemeinde Abwasserverband Krems
Gerta Hauser GmbH & Co KG
Grossküchentechnik Austria GmbH
GW St. Pölten Integrative Betriebe GmbH
HAGO Bautechnik GmbH
Harrer & Harrer ZT GmbH
Harry's Gastrotainment
Haustechnik Dick + Harner GmbH (TGA-ARGE-Partner TB Herbst)
HB Fliesen GmbH
Heinrich Renner GmbH
Herbrich Consult ZT GmbH
Hochgerner Möbelwerkstätte GmbH
Holzbau Tratter GmbH

Honeywell Austria GmbH
HYPO NOE Real Consult GmbH
IHW-Ingenieurbüro Huber GmbH
Johann Allinger Trade & Consulting GmbH
Karikaturmuseum Krems
Klenk & Meder Ges.m.b.H.
Knollconsult Umweltplanung ZT GmbH
Kunsthalle Krems
Kunstmeile Krems Betriebs GmbH
Landeskonservatorat für NOE
Ledermüller GmbH
Lenz Nenning GmbH
lichtwert gmbh
M. Berthold GmbH - Sonnen- und Wetterschutztechnik
M+G Ingenieure
Dipl. Ing. Josef Galehr Ziviltechniker GmbH
Magistrat Krems
Marte.Marte ZT GmbH
Metabau GmbH & Co KG
Minimax Mobile Services GmbH & Co.KG
mm+ | merz merz gmbh & co. kg
Mössler Dach GmbH
MSC Team OG
Netz Niederösterreich GmbH
NÖ Energie- & Umweltagentur Betriebs GmbH
NÖ Gebietsbauamt IV - Krems/Donau
NÖ Kulturwirtschaft GesmbH

PKS Sicherheitssysteme GmbH
PORR Bau GmbH
PSP Holz GmbH
Rath Gartengestaltung - Ing. Anton Rath
Raumausstattung Wiesinger GmbH
Reiter Design GmbH
Restaurator - Karl Lengauer
Retter&Partner ZT Ges.m.b.H.
Risk Control Planungsges.m.b.H
Schneider Consult Ziviltechniker GmbH
Senftner Vermessung ZT GmbH.
SFL Technologies GmbH
SIGNnet Infotainment Solutions e. U.
SPOMA Parkett und Ausbau GmbH
Svoboda Büromöbel GmbH
TB Herbst - PlanBüro für Elektrosysteme (TGA-ARGE-Partner Dick + Harner)
TDC ZT GmbH
Telekom
Thomas Sandri Technik für Kunstwerke
Tischlerei Georg Grübler GmbH
Tischlerei Krumböck GmbH
UDO BÄR GmbH
VM Building Solutions (VMZINC Schindeln)
Wasserwerk Krems
Wittmann Möbelwerkstätten GmbH
WMS WebMediaSolutions GmbH

BILDNACHWEIS UND COPYRIGHTS / PHOTO CREDITS AND COPYRIGHTS

Die Landesgalerie Niederösterreich dankt den Inhaberinnen und Inhabern der Urheber- und Werknutzungsrechte für die Zustimmung zur Vervielfältigung, Veröffentlichung und Verwertung im Rahmen dieser Publikation. / The State Gallery of Lower Austria wishes to thank all holders of proprietary and copyrights for their permission to use and reproduce said materials in this publication.

Fotos / Photos:

Umschlag / Cover: Landesgalerie Niederösterreich / State Gallery of Lower Austria, © Kunstmeile Krems, Foto / Photo: Faruk Pinjo

S. / pp. 70/71, 108/109, 132/133, Fotos / Photos: Lukas Beck

S. / pp. 134/135 (Einblick in die Landessammlungen Niederösterreich mit Werken von Hermann Nitsch / View into the State Collections of Lower Austria with works by Hermann Nitsch: links/Vordergrund / left/foreground: Hermann Nitsch, Schwarzes Bodenschüttbild, 2005, rechts/Hintergrund / right/background: Hermann Nitsch, Schüttbild, 1986, alles Landessammlungen Niederösterreich / all State Collections of Lower Austria © Hermann Nitsch/Bildrecht, Wien / Vienna: © Kunstmeile Krems), Foto / Photo: Lukas Beck

S. / pp. 4, 5: © Science Photo Library / picturedesk.com

S. / pp. 6/7, 8/9, 10/11, 12/13, 14, 15, 122/123: © Kunstmeile Krems, Fotos / Photos: Ingo Wakolbinger

S. / pp. 16/17, 18/19, 20/21, 24/25, 26, 27, 28/29, 30/31, 32/33, 34/35, 36/37, 39, 40/41, 42, 43, 44/45, 46–49, 50/51, 52/53, 54/55, 56/57, 58/59, 60/61, 64/65, 69, 75, 92, 93, 94/95, 96/97, 98/99, 100, 101, 124/125: © Kunstmeile Krems, Fotos / Photos: Faruk Pinjo

S. / pp. 22/23, 62/63, 66/67, 68: © Marte.Marte Architekten, Fotos / Photos: Roland Horn

S. / pp. 38, 102/103, 104–107, 112, 113, 114/115, 116, 117, 118/119, 120, 121, 126/127, 138/139: © Kunstmeile Krems, Fotos / Photos: Lachlan LOX Blair

S. / pp. 74, 76/77, 78/79, 80/81: © Marte.Marte Architekten

S. / pp. 82/83: Foto / Photo: Kunstmeile Krems / APA-Fotoservice/Martin Hörmandinger (von links nach rechts / from left to right: Stefan Marte, Bernhard Marte, Christian Bauer, Erwin Pröll)

S. / pp. 84/85: © Kunstmeile Krems, Fotos / Photos: Peter Korrak

S. / pp. 86, 87: © ARDIG – Archäologischer Dienst GesmbH, Foto / Photo: Daniela Achter

S. / pp. 90/91, 110/111: © Kunstmeile Krems

S. / pp. 88/89: © Kunstmeile Krems, Foto / Photo: Christian Redtenbacher

S. / p. 140: oben/above: Bernhard Marte, Alexandra Grups, unten / below: Christian Bauer: Foto / Photo: © eSeL

Künstlerische Interventionen in der Landesgalerie Niederösterreich/ Artistic Interventions in the State Gallery of Lower Austria

S. / p. 38: Leo Zogmayer, Textintervention, 2019, FUNDAMENTAL (ein Projekt der Landesgalerie Niederösterreich nach einem Konzept von Rainer Prohaska / a project of the State Gallery of Lower Austria based on a concept by Rainer Prohaska), in Kooperation mit Kunst im öffentlichen Raum Niederösterreich / in cooperation with Kunst im öffentlichen Raum Niederösterreich, © Leo Zogmayer

S. / p. 39: Judith Fegerl, ANCHORS, 2019, drei unterschiedliche Objekte an drei Stellen im Museum / three different objects at three places in the museum, FUNDAMENTAL (ein Projekt der Landesgalerie Niederösterreich nach einem Konzept von Rainer Prohaska / a project of the State Gallery of Lower Austria based on a concept by Rainer Prohaska), © Judith Fegerl

S. / p. 47: Werner Reiterer, Die Eroberung der Vertikale, 2016–2019, Technische Assistenz / technical assistance: Thomas Sandri, Tontechnik / sound engineering: Christoph Amann, Stimme / voice: Isabelle Duthoit, Dank an / thanks to: Claudia Larcher, © Werner Reiterer/Bildrecht, Wien / Vienna

S. / pp. 138/139: Erwin Redl, Matrix XII Krems, 2019, Lichtinstallation mit blauen LEDs / light installation with blue LEDs, 29,1 × 21,3 × 4,75 m (Länge × Breite × Höhe) / 29.1 × 21.3 × 4.75 m (length × width × height), Temporäre Installation in der Landesgalerie Niederösterreich (05.03.2019–31.03.2019, EÖ: 02.03.2019) / temporary installation in the State Gallery of Lower Austria (March 3–31, 2019; opening: March 2, 2019), © Erwin Redl

S. / p. 140: eSeL, Museum zu Gast, 2017–2019, in Kooperation mit Kunst im öffentlichen Raum Niederösterreich / in cooperation with Kunst im öffentlichen Raum Niederösterreich, © eSeL

IMPRESSUM / IMPRINT

Herausgeber / Editor:
Landesgalerie Niederösterreich / State Gallery of Lower Austria

Idee / Idea:
Christian Bauer, Günther Oberhollenzer

Redaktion und Konzept / Managing editor and concept:
Brigitte Groihofer

Grafikdesign und Lithografie / Graphic design and lithography: schultz+schultz – Mediengestaltung

Lektorat / Copy editor: Andrea Schellner

Englische Übersetzung und englisches Lektorat /
English translations and copy editing: Douglas Deitemyer

Katalogmanagement / Catalog Management: Elisabeth Kainberger

Gesamtherstellung / Printing and binding: agensketterl, Bad Vöslau

Für die Landesgalerie Niederösterreich /
For the State Gallery of Lower Austria:

Geschäftsführung / Managing directors:
Julia Flunger-Schulz, Stefan Mitterer

Künstlerischer Direktor / Artistic director: Christian Bauer

Kurator / Curator: Günther Oberhollenzer

Projektleitung / Project directors: Andrea Fraunbaum, Maria Schneeweiß

Produktionsleitung / Production manager: Elke Pehamberger-Müllner

www.lgnoe.at

1. Auflage / First edition

© 2019 Landesgalerie Niederösterreich,
Kunstmeile Krems Betriebs GmbH und Birkhäuser Verlag

Bibliografische Information der Deutschen Nationalbibliothek:

Die Deutsche Nationalbibliothek verzeichnet diese Publikation in der Deutschen Nationalbibliografie; detaillierte bibliografische Daten sind abrufbar im Internet unter http://dnb.dnb.de

Bibliographic information published by the German National Library:

The German National Library lists this publication in the Deutsche Nationalbibliografie; detailed bibliographic data are available on the Internet at http://dnb.dnb.de

ISBN 978-3-0356-2034-4

© 2019 Birkhäuser Verlag GmbH, Basel
P.O. Box 44, 4009 Basel, Switzerland
Part of Walter de Gruyter GmbH, Berlin/Boston

9 8 7 6 5 4 3 2 1

www.birkhauser.com

Mit freundlicher Unterstützung / With the kind support of: